De stilte spreekt

Eerder verschenen van Eckhart Tolle
bij uitgeverij AnkhHermes:

De kracht van het Nu (26e)
De kracht van het Nu in de praktijk (17e)
50 inspiratiekaarten voor meditatie gebaseerd op
De kracht van het Nu (4e)
50 inspiratiekaarten voor meditatie gebaseerd op
Een nieuwe aarde (2e)
Findhorn Retraite met 2 dvd's (5e)
Een nieuwe aarde (15e)
Pepijns geheim (3e)
De kracht van stilte met dvd
Eén met alle leven
Dier en Nu

www.ankh-hermes.nl

Eckhart Tolle

De stilte spreekt

Achtste druk

AnkhHermes

MIX
Papier van verantwoorde herkomst
FSC® C116331

Oorspronkelijke titel: Stillness speaks uitgegeven door New World Library, Novato (Ca), Verenigde Staten

Vertaling: Peter Roelofsen

Eerste druk 2003
Achtste druk 2013

Zie voor meer informatie www.eckharttolle.com

CIP-gegevens
ISBN: 97890 202 10385
NUR: 728
Trefwoord: innerlijke stilte

Inhoud

Inleiding

Een echte geestelijk leraar heeft niets te onderwijzen in de conventionele betekenis van het woord, heeft je niets te geven of toe te voegen, zoals nieuwe informatie, een geloof of gedragsregels. De enige functie van zo'n leraar is je te helpen datgene uit de weg te ruimen wat je scheidt van de waarheid van wie je al bent en van wat je in de diepte van je wezen al weet. De geestelijk leraar is er om die dimensie van innerlijke diepte die ook vrede is bloot te leggen en aan je te openbaren.

Als je bij een geestelijk leraar belandt – of bij dit boek – om stimulerende ideeën, theorieën of opvattingen te vinden, word je teleurgesteld. Met andere woorden: als je op zoek bent naar stof om over na te denken, dan vind je die niet en mis je juist de kern van wat ervan te leren valt, die niet in de woorden schuilt maar in jezelf. Het is goed om daar onder het lezen steeds aan te denken, dat steeds te voelen. De woorden zijn slechts richtingborden. Datgene waarnaar ze verwijzen ligt niet in het domein van het denken, maar vormt een dimensie in jezelf die dieper en oneindig groter is dan het denken. Een intens levendige vrede is een van de eigenschappen van die dimensie, dus telkens als je onder het lezen een innerlijke vrede in je voelt opkomen, doet het boek zijn werk en vervult het zijn functie als je leraar; het herinnert je eraan wie je bent en wijst je de weg terug naar huis.

Dit is geen boek om van begin tot eind te lezen en dan in de kast te zetten. Je moet ermee leven, het geregeld oppakken en, wat belangrijker is, het vaak neerleggen of in elk geval meer tijd besteden met het boek in je handen dan lezend. Veel lezers voelen zich vanzelf geneigd na het lezen van een stukje op te houden met lezen, te pauzeren, het gelezene te overwegen, stil te worden van binnen. Het is altijd beter en belangrijker op te houden met lezen dan door te lezen. Laat het boek zijn werk doen, je wakker schudden uit je vastgeroeste steeds terugkerende en geconditioneerde denken.

De vorm van dit boek is op te vatten als een voor deze tijd opnieuw in gebruik nemen van de oudste vorm van overgeleverd geestelijk onderricht: de soetra's van het oude India. Soetra's zijn krachtige wegwijzers in de vorm van aforismen of korte gezegdes, met weinig conceptuele uitweidingen. De Veda's en Upanisjaden zijn de oude heilige leringen die zijn vastgelegd in soetra's, net zoals de woorden van Boeddha. Ook de uitspraken en gelijkenissen van Jezus zijn, als je ze uit hun verhalende context haalt, op te vatten als soetra's, net zoals het diepzinnige onderricht dat vervat is in de *Daodejing*, het oude Chinese wijsheidsboek. Het voordeel van de soetravorm is gelegen in de kortheid ervan. De soetra neemt het denkende verstand niet meer in beslag dan nodig is. Wat de soetra niet zegt – maar waar hij alleen naar wijst – is belangrijker dan wat hij wel zegt. Het soetrakarakter van de teksten in dit boek is het duidelijkst te zien in het eerste hoofdstuk (Stilte en innerlijke stilte), dat bestaat uit uiterst korte uitspraken. De overige hoofdstukken zijn er voor die mensen die toch wat meer richtingborden nodig hebben.

Net zoals de oude soetra's zijn de teksten in dit boek heilig; ze zijn voortgekomen uit een bewustzijnstoestand die we kunnen aanduiden met stilte.
Maar anders dan de oude soetra's behoren ze niet tot een bepaalde religieuze of geestelijke traditie. Ze zijn direct toegankelijk voor de hele mensheid. Ook ademen ze een sterker besef dat de tijd begint te dringen. De transformatie van het menselijke bewustzijn is niet meer zogezegd een luxe die alleen maar weggelegd is voor een paar afzonderlijke mensen maar een harde noodzaak als de mensheid zichzelf niet wil vernietigen.
Op dit moment zijn de verkeerde werking van het oude bewustzijn en de opkomst van het nieuwe allebei aan het versnellen. Vreemd genoeg worden de dingen er tegelijkertijd slechter en beter op, al valt het slechtere meer op omdat het zoveel 'lawaai' maakt. Dit boek gebruikt natuurlijk woorden die terwijl je ze leest in je hoofd gedachten worden. Maar dat zijn geen gewone gedachten – telkens terugkerend, luidruchtig, alleen op zichzelf gericht, om aandacht schreeuwend. Net zoals elke echte geestelijk leraar, net zoals de oude soetra's, zeggen de gedachten in dit boek niet: 'kijk naar mij' maar: 'kijk verder'. Omdat de gedachten voortkwamen uit de stilte, hebben ze kracht – de kracht om je terug te brengen naar dezelfde stilte waaruit ze voortgekomen zijn. Die stilte is ook innerlijke vrede, en die stilte en vrede zijn de essentie van je Zijn. De innerlijke stilte zal de wereld redden en veranderen.

Stilte en innerlijke stilte

Als je het contact met de innerlijke stilte in je verliest, verlies je het contact met jezelf. Wanneer je het contact met jezelf verliest, verlies je jezelf in de wereld.
Je diepste besef van jezelf, van wie je bent, hangt nauw samen met innerlijke stilte. Dat is het ik ben dat dieper gaat dan naam en vorm.

✧

Innerlijke stilte is je wezenlijke natuur. Wat is innerlijke stilte? De ruimte in je of het bewustzijn van waaruit de woorden op deze bladzijden worden gezien en tot gedachten worden. Zonder dat bewustzijn zou er geen waarneming zijn, zouden er geen gedachten en geen wereld zijn.

Jij bent dat bewustzijn, in de vermomming van een mens.

✧

Het equivalent van lawaai van buiten is het van binnen komende lawaai van het denken. Het equivalent van stilte van buiten is de innerlijke stilte in jezelf.

Telkens als het stil is om je heen, moet je naar die stilte luisteren. Dat betekent gewoon dat je de stilte opmerkt. Besteed er aandacht aan. Door te luisteren naar de stilte wek je de dimensie van de innerlijke stilte in jezelf, omdat je je alleen door innerlijke stilte bewust kunt worden van de stilte om je heen.

Merk op dat je op het moment dat je de stilte om je heen opmerkt, niet denkt. Je bent je van alles om je heen bewust, maar je denkt niet.

✧

Wanneer je je bewust wordt van stilte, kom je meteen in een toestand van innerlijke stille alertheid. Je bent er helemaal bij. Je bent uit een al duizenden jaren durende collectieve menselijke conditionering gestapt.

✧

Kijk eens naar een boom, een bloem, een plant. Laat je bewustzijn erop rusten. Wat zijn ze stil, wat zijn ze diep geworteld in Zijn. Laat de natuur je leren wat innerlijke stilte is.

Als je naar een boom kijkt en ziet hoe stil hij is, word je zelf ook innerlijk stil. Je maakt er op een heel diep niveau contact mee. Je voelt een eenheid met alles wat je in en door innerlijke stilte ziet. Het voelen van de eenheid van jezelf met alle dingen is liefde.

Stilte helpt maar je hebt het niet nodig om innerlijke stilte te vinden. Zelfs bij lawaai kun je je bewust zijn van de innerlijke stilte ónder het lawaai, van de ruimte waarin het lawaai ontstaat. Dat is de innerlijke ruimte van zuivere gewaarwording, van bewustzijn zelf.

Je kunt je bewust worden van je bewustzijn als de achtergrond van je zintuiglijke waarneming, van je denken. Je bewust worden van bewustzijn is het ontwaken van de innerlijke stilte in je.

Een willekeurig storend geluid kan even nuttig zijn als stilte. Hoe? Door je verzet tegen het lawaai te laten varen, door het lawaai te laten zijn wat het is brengt die aanvaarding je ook naar dat rijk van innerlijke vrede dat stilte is.

Telkens als je dit moment heel diep aanvaardt zoals het is – in welke vorm het ook tot je komt – ben je stil, heb je vrede.

Besteed aandacht aan de pauze – de pauze tussen twee gedachten, de korte, stille ruimte tussen woorden in een gesprek, tussen de tonen van een piano of een fluit, of de pauze tussen een inademing en een uitademing.

Als je aandacht besteedt aan die pauzes, verandert bewustzijn van 'iets' in bewustzijn zonder meer. De vormloze dimensie van zuiver bewustzijn komt in je op en komt in de plaats van je identificatie met een vorm.

✧

Werkelijke intelligentie werkt in stilte. Stilte is waar je creativiteit en oplossingen voor problemen vindt.

✧

Is innerlijke stilte gewoon het ontbreken van lawaai en inhoud? Nee, het is intelligentie zelf – het onderliggende bewustzijn waaruit alle vormen worden geboren. En hoe zou dat los kunnen staan van wie jij bent? De vorm die je denkt te zijn is daaruit voortgekomen en wordt erdoor in stand gehouden.

Het is de essentie van alle melkwegstelsels en grasspriet-jes; van alle bloemen, bomen, vogels en andere vormen.

✧

Innerlijke stilte is het enige in deze wereld dat geen vorm heeft. Maar het is dan ook niet echt een ding en het is niet van deze wereld.

Als je in stilte naar een mens of een boom kijkt, wie kijkt er dan? Iets dat dieper is dan de persoon. Het is bewustzijn dat naar zijn schepping kijkt.

In de Bijbel staat dat God de wereld schiep en zag dat die goed was. Dat is wat je ziet als je kijkt vanuit de stilte, zonder erbij te denken.

Heb je meer kennis nodig? Kan meer informatie de wereld redden, kunnen snellere computers dat, of anders meer wetenschappelijk of analytisch onderzoek? Heeft de mensheid op dit moment niet vooral wijsheid nodig?

Maar wat is wijsheid en waar is die te vinden? Wijsheid komt met het vermogen innerlijk stil te zijn. Kijk en luister alleen maar. Meer is niet nodig. Om innerlijk stil te zijn moeten kijken en luisteren de niet-begripsmatige intelligentie in je in actie laten komen. Laat de innerlijke stilte je woorden en daden leiden.

Voorbij het denken

Het menselijk bestaan: in gedachten verzonken.

Veel mensen brengen hun hele leven door in gevangenschap, binnen de muren van hun eigen gedachten. Ze komen nooit buiten een eng, door het verstand gemaakt, verpersoonlijkt zelfbesef dat geconditioneerd is door het verleden.

In jou zit, net zoals in ieder mens, een dimensie van bewustzijn die veel dieper is dan het denken. En die dimensie is de werkelijke essentie van wie je bent. We kunnen dat aanwezigheid noemen, bewustzijn van je omgeving, het ongeconditioneerde bewustzijn. Vroeger noemden ze het de Christus in je of de Boeddhanatuur.

Het vinden van die dimensie bevrijdt jou en de wereld van het lijden dat je jezelf en anderen aandoet wanneer het door het verstand gemaakte 'kleine ik' alles is wat je weet en je leven beheerst. Liefde, vreugde, creatieve groei en blijvende innerlijke vrede kunnen alleen maar in je leven komen door die ongeconditioneerde dimensie van bewustzijn.

Als je, ook al is dat maar af en toe, de gedachten die door je hoofd waren kunt herkennen als niet meer dan gedachten, als je getuige kunt zijn van je eigen mentaal-emotionele reactiepatronen wanneer die aan de oppervlakte komen, dan komt die dimensie al in je naar boven als het bewustzijn waarin die gedachten en emoties plaatsvinden – de tijdloze innerlijke ruimte waarin de inhoud van je leven zich ontvouwt.

✧

De stroom van het denken heeft een geweldige stuwkracht waardoor je je makkelijk kunt laten meeslepen. Elke gedachte doet alsof ze geweldig belangrijk is. Ze wil je aandacht helemaal opeisen.

Hier is een nieuwe spirituele oefening: neem je gedachten niet zo serieus.

✧

Wat laten mensen zich makkelijk verstrikken in hun conceptuele gevangenissen.

Het verstand verwart in zijn verlangen te weten, te begrijpen en te beheersen zijn meningen en standpunten met de waarheid. Het zegt: 'Zo zit het.' Je moet groter zijn dan je gedachten om in te kunnen zien dat hoe je 'je leven' of het leven of het gedrag van iemand anders interpreteert, hoe je een situatie beoordeelt, niet meer is dan een standpunt, een van de vele mogelijke zienswijzen. Het is niet meer dan een verzameling gedachten. Maar de werkelijkheid is een samenhangend geheel, waarin alle dingen onderling met elkaar zijn verweven, waarin niets uit en op zichzelf bestaat. Het denken versplintert de werkelijkheid – het verdeelt haar in conceptuele stukjes en beetjes.

Het verstand is een nuttig en krachtig instrument, maar is ook heel beperkend wanneer het je leven helemaal gaat beheersen, wanneer je niet beseft dat het maar een klein aspect is van het bewustzijn dat je bent.

✧

Wijsheid is geen product van het denken. Het diepe *weten* dat wijsheid is komt eenvoudig naar boven als je iemand of iets je volledige aandacht schenkt. Aandacht is intelligentie in haar oervorm, het is bewustzijn zelf. Ze heft de barrières op die door het conceptuele denken zijn opgeworpen, en daarmee komt het inzicht dat er niets in en op zichzelf bestaat. Ze verenigt de waarnemer en het waargenomene in een verenigd veld van bewustzijn. Ze heelt het gevoel van isolement.

✧

Telkens als je in beslag wordt genomen door dwangmatig denken, ga je uit de weg wat *is*. Je wilt niet zijn waar je bent. Hier, Nu.

✧

Dogma's – religieus, politiek of wetenschappelijk – komen voort uit het onjuiste idee dat denken de werkelijkheid of de waarheid kan omvatten. Dogma's zijn collectieve conceptuele gevangenissen. En het vreemde is dat de mensen houden van hun gevangeniscel omdat die hun een veilig gevoel geeft en een onwaar gevoel van 'ik weet het'.

Niets heeft de mensheid meer leed berokkend dan haar dogma's. Het is waar dat elk dogma vroeg of laat verdwijnt, omdat de werkelijkheid uiteindelijk de onwaarheid ervan onthult, maar zolang de mensen het eraan ten grondslag liggende waanbeeld niet zien, worden oude dogma's vervangen door andere dogma's.

Wat is dat fundamentele waanbeeld? Het is de identificatie met denken.

✧

Geestelijk ontwaken is ontwaken uit de droom van het denken.

✧

Het rijk van het bewustzijn is veel uitgestrekter dan het denken kan bevatten. Als je niet meer alles gelooft wat je denkt, stap je uit het denken en zie je duidelijk dat de denker niet is wie je bent.

✧

Het verstand bestaat in een toestand van 'niet genoeg' en is dus altijd belust op meer. Als je je identificeert met je denken, raak je makkelijk verveeld en rusteloos. Verveling betekent dat het verstand hongert naar meer prikkels, meer stof om over na te denken, en dat die honger niet wordt gestild.

Als je je verveelt, kun je de honger van je verstand makkelijk stillen door een tijdschrift te pakken, iemand op te bellen, de televisie aan te zetten, op het web te surfen, winkeltjes te kijken of – en dat is niet ongewoon – het mentale gevoel van gebrek en de behoefte aan *meer* over te dragen op het lichaam en deze behoefte voor even te bevredigen door meer te gaan eten.

Je kunt ook verveeld en rusteloos blijven en observeren hoe het voelt om verveeld en rusteloos te zijn. Op het moment dat je bewustzijn naar het gevoel brengt komt er opeens als het ware ruimte en innerlijke stilte omheen. In het begin maar weinig, maar met het groeien van het besef van de innerlijke ruimte begint het gevoel van verveling aan intensiteit en betekenis te verliezen. Zelfs verveling kan je dus leren wie je bent en wie je niet bent.

Je ontdekt dat een 'verveeld mens' niet is wie je bent. Verveling is gewoon een geconditioneerde energiebeweging in je. Je bent ook niet een boos, verdrietig of angstig mens. Verveling, woede, treurigheid of angst zijn geen 'jijen', ze zijn niet persoonlijk. Het zijn toestanden van het menselijk verstand. Ze komen en gaan.

Niets dat komt en gaat is wat jij bent.

'Ik verveel me.' Wie weet dat?

'Ik ben boos, verdrietig, bang.' Wie weet dat?

Jij bent het weten, niet de toestand die je kent.

✧

Elk vooroordeel impliceert dat je je identificeert met je verstand. Het betekent dat je de ander niet meer ziet maar alleen je eigen opvatting van de ander. Het terugbrengen van het levend zijn van een ander mens tot een concept is al een vorm van geweld.

✧

Denken dat niet geworteld is in bewustzijn komt in dienst te staan van het eigenbelang en wordt storend.
Schranderheid zonder wijsheid is buitengewoon gevaarlijk en schadelijk. Dat is de staat waarin het grootste deel van de mensheid nu verkeert. De versterking van het denken in de wetenschap en de techniek is op zichzelf beschouwd

weliswaar goed noch slecht maar is ook schadelijk geworden omdat het denken waaruit ze voortkomt niet geworteld is in bewustzijn.

De volgende stap in de evolutie van de mens is dat we boven het denken uitstijgen. Dat is nu onze dringende taak. Het betekent niet dat we niet meer denken, maar gewoon dat we ons niet meer helemaal identificeren met onze gedachten, niet meer bezeten zijn door het denken.

✧

Voel de energie van je innerlijke lichaam. Onmiddellijk wordt het mentale lawaai zachter of het verdwijnt helemaal. Voel die energie in je handen, je voeten, je buik, je borst. Voel het leven dat je bent, het leven dat je lichaam bezielt.

Het lichaam wordt dan bij wijze van spreken een poort naar een dieper besef van levend te zijn onder de fluctuerende emoties en onder je denken.

✧

Er is een levendigheid in je die je kunt voelen met je hele Wezen en niet alleen in je hoofd. Elke cel leeft in die aanwezigheid waarin je niet hoeft te denken. En toch is het denken beschikbaar als je het in die toestand voor de een of andere praktische toepassing nodig hebt. Het verstand kan nog steeds functioneren en het functioneert schitterend wanneer de grotere intelligentie die *jij* bent het gebruikt en zichzelf daardoor tot uitdrukking brengt.

✧

Je hebt misschien over het hoofd gezien dat er al vanzelf en spontaan korte perioden in je leven optreden waarin je 'bewust bent zonder te denken'. Je bent bijvoorbeeld bezig met een huishoudelijk karweitje of je loopt door de kamer of je staat te wachten bij de balie van de luchthaven en je bent opeens zo helemaal aanwezig dat de gebruikelijke mentale ruis wegvalt en vervangen wordt door een bewuste aanwezigheid. Of je merkt dat je naar de lucht staat te kijken of naar iemand luistert zonder er inwendig mentaal commentaar op te geven. Je waarneming wordt kristalhelder, wordt niet meer verduisterd door gedachten.

Voor het verstand is dit allemaal onbelangrijk omdat het 'belangrijker' dingen heeft om over na te denken. Het is ook niet makkelijk te onthouden en om die reden is het je waarschijnlijk niet opgevallen dat het al gebeurt.

In werkelijkheid is het het belangrijkste dat er met je kan gebeuren. Het is het begin van een verschuiving van het denken naar een bewuste aanwezigheid.

✧

Je moet je op je gemak gaan voelen in de toestand van 'niet te weten'. Daarmee overstijg je het verstand omdat dat altijd probeert conclusies te trekken en te interpreteren. Het is bang voor niet-weten. Als je je dus prettig kunt voelen met iets niet weten, dan heb je het al losgelaten. Dan komt er uit die toestand een dieper weten voort dat niet aan concepten gebonden is.

✧

De schepping van een kunstwerk, sport, dans, lesgeven, counseling – meesterschap op elk terrein waarbij je iets nastreeft veronderstelt dat het denkende verstand er ofwel helemaal niet meer bij betrokken is ofwel de tweede viool speelt. Dan neemt een kracht en intelligentie die groter is dan jij en tegelijk een is met je het over. Er is geen besluitvormingsproces meer; je doet spontaan het goede en 'jij' doet het niet.

Meesterschap over het leven is het tegendeel van beheersing. Je bent afgestemd op het grotere bewustzijn. *Dat* handelt, spreekt, doet het werk.

✧

Een gevaarlijk moment kan een tijdelijke beëindiging van de stroom van het denken bewerkstelligen en je zo een voorproefje geven van wat het betekent aanwezig, alert en bewust te zijn.

✧

De Waarheid is veel alomvattender dan het verstand ooit kan bevatten. Geen enkele gedachte kan de Waarheid bevatten. Op zijn best kan een gedachte naar de Waarheid wijzen. Ze kan bijvoorbeeld zeggen: alles is in wezen één. Dat is een aanwijzing maar geen verklaring. Deze woorden begrijpen betekent dat je diep van binnen de waarheid *voelt* waarnaar ze wijzen.

Het ikzuchtige zelf

Het verstand is niet alleen onophoudelijk op zoek naar stof om over na te denken maar ook naar voedsel voor zijn identiteit, zijn zelfbesef. Zo ontstaat het ego en herschept het zichzelf voortdurend.

✧

Als je over jezelf praat of denkt, als je 'ik' zegt, gaat het gewoonlijk om 'mij en mijn verhaal'. Dat is het 'ik' van wat je leuk of vervelend vindt, van je angsten en verlangens, het 'ik' dat nooit lang tevreden is. Het is een door het verstand gemaakt gevoel van wie je bent, geconditioneerd door het verleden, dat op zoek is naar vervulling in de toekomst.

Zie je dat dit 'ik' een vluchtige, kortstondige vorm is, net zoals een golfpatroon aan de oppervlakte van het water?

Wie is degene die dat *ziet*? Wie is het die zich *bewust* is van de vluchtigheid van je lichamelijke en psychologische vorm? Ik Ben. Dat is het diepere 'ik' dat niets te maken heeft met verleden en toekomst.

✧

Wat blijft er over van het bang zijn en dingen nodig hebben in samenhang met je problematische levenssituatie die elke dag het grootste deel van je aandacht opeist? Een streepje – een streepje van een paar centimeter tussen je geboortedatum en sterfdatum op je grafsteen.

Voor het ikzuchtige zelf is dat een deprimerende gedachte. Voor jou is het bevrijdend.

✧

Wanneer elke gedachte je aandacht helemaal opeist, betekent dat dat je je identificeert met de stem in je hoofd. Je gedachten worden dan bekleed met een gevoel iemand te zijn. Dat is het ego, een door het verstand vervaardigd 'ik'. Dat mentaal gevormde zelf voelt zich onvolledig en onzeker. Daarom zijn bang-zijn en dingen nodig hebben de overheersende emoties en drijvende krachten ervan.

Als je inziet dat er een stem in je hoofd zit die zich voor jou uitgeeft en nooit ophoudt met praten, dan ontwaak je uit je onbewuste identificatie met de stroom van gedachten. Als je die stem opmerkt, besef je dat jij niet die stem bent – de denker – maar dat je degene bent die zich van die stem bewust is.

Jezelf kennen als het bewustzijn achter de stem is vrijheid.

✧

Het ikzuchtige zelf is altijd naar iets op zoek. Het zoekt naar *meer* van dit of dat om aan zichzelf toe te voegen, om zich vollediger te kunnen voelen. Dat verklaart de dwangmatige preoccupatie van het ego met de toekomst.

Telkens als je je ervan bewust wordt dat je 'leeft voor het volgende moment', ben je al uit dat ikzuchtige patroon van je verstand gestapt en tegelijk ontstaat de mogelijkheid om ervoor te kiezen je volledige aandacht aan dit moment te schenken.

Wanneer je je volledige aandacht aan dit moment schenkt, doet een veel grotere intelligentie dan het ikzuchtige verstand haar intrede in je leven.

✧

Wanneer je vanuit het ego leeft, maak je voortdurend het huidige moment tot niet meer dan een middel om een doel te bereiken. Je leeft voor de toekomst, en wanneer je je doelen bereikt, bevredigen ze je niet, in elk geval niet lang.

Als je meer aandacht schenkt aan het doen in plaats van aan het toekomstige resultaat dat je ermee wilt bereiken, doorbreek je de oude ikzuchtige conditionering. Wat je doet wordt dan niet alleen veel effectiever maar ook oneindig veel bevredigender en vreugdevoller.

✧

Bijna ieder ego bevat wel ten minste een element van wat we een 'slachtofferidentiteit' zouden kunnen noemen. Sommige mensen zien zichzelf zo duidelijk als slachtoffer dat de slachtofferrol de centrale kern van hun ego wordt. Wrok en grieven vormen een wezenlijk onderdeel van hun zelfbesef.

Zelfs wanneer je grieven volkomen 'gerechtvaardigd' zijn, heb je toch een identiteit voor jezelf gecreëerd die veel lijkt op een gevangenis met tralies die gemaakt zijn van gedachtepatronen. Kijk maar naar wat je jezelf aandoet of liever naar wat je verstand je aandoet. Voel eens hoe je gevoelsmatig gehecht bent aan je slachtofferverhaal en word je eens bewust van de dwang om daarover te denken of te praten. Wees erbij als de toeziende aanwezigheid van je innerlijke toestand. Je hoeft helemaal niets te *doen*. Met het bewustzijn komen de transformatie en de vrijheid.

Klagen en reactiviteit zijn populaire denkpatronen waardoor het ego zichzelf versterkt. Een groot deel van de mentaal-emotionele activiteit van veel mensen bestaat uit klagen en reageren op het een of ander. Door dat te doen maak je andere mensen of een situatie 'fout' en jezelf 'goed'. Door jezelf 'gelijk' te geven voel je je superieur, en door je superieur te voelen versterk je je zelfbesef. In werkelijkheid versterk je natuurlijk alleen maar de illusie van je ego.
Kun je die patronen in jezelf observeren en de klagende stem in je hoofd doorzien?

Het ikzuchtige zelfbesef heeft conflicten nodig omdat zijn gevoel van een afzonderlijke identiteit te hebben, versterkt wordt door te vechten tegen dit of dat, en door te laten zien dat *dit* 'ik' is en *dat* niet.

Niet zelden ontlenen stammen, naties en religies een versterkt besef van collectieve identiteit aan het erop nahouden van vijanden. Wie zou de 'gelovige' zijn als er geen 'ongelovige' was?

✧

Bespeur je in je omgang met andere mensen subtiele gevoelens van superioriteit of inferioriteit jegens hen? Je kijkt naar het ego dat leeft door te vergelijken.

Jaloezie is een bijproduct van het ego dat zich minder voelt als iemand anders iets goeds overkomt of als iemand meer heeft, meer weet of meer kan dan jij. De identiteit van het ego is afhankelijk van vergelijking en voedt zich met *meer*. Ze grijpt alles aan. Als het niet anders kan, kun je je fictieve gevoel van iemand te zijn versterken door het zo te zien dat het leven oneerlijk*er* voor jou is geweest dan voor andere mensen of dat je ziek*er* bent dan iemand anders.

Wat zijn de verhalen, de ficties waaraan jij het gevoel ontleent iemand te zijn?

✧

In de structuur van het ikzuchtige zelf zit een behoefte ingebakken om weerstand te bieden, je te verzetten en buiten te sluiten om het gevoel dat je op jezelf staat, waar zijn voortbestaan van afhankelijk is, in stand te houden. Daardoor heb je het 'ik' tegen de 'ander', 'wij' tegen 'zij'.

Het ego heeft conflicten met iets of iemand nodig. Dat verklaart waarom je zoekt naar vrede, vreugde en liefde maar ze niet lang kunt verdragen. Je zegt dat je gelukkig wilt worden maar je bent verslaafd aan je ongeluk.
Je ongeluk komt ten diepste niet voort uit je levensomstandigheden maar uit je conditionering.

✧

Loop je rond met schuldgevoelens over iets wat je vroeger hebt gedaan of juist niet hebt gedaan? Zoveel is zeker: je handelde toen in overeenstemming met hoe bewust, of beter onbewust, je toen was. Als je toen meer had gezien, bewuster was geweest, zou je wat anders hebben gedaan.

Een schuldgevoel is ook een manier van het ego om een identiteit, het gevoel iemand te zijn te scheppen. Voor het ego maakt het niets uit of dat zelf positief of negatief is. Wat je deed of naliet was een manifestatie van onbewustheid – menselijke onbewustheid. Het ego personifieert dat echter en zegt: 'Ik deed dat', en zo komt het dat je met een mentaal beeld van jezelf rondloopt als 'slecht'.

Door de hele geschiedenis heen hebben mensen elkaar ontelbare gewelddadige, wrede en pijnlijke dingen aangedaan en dat gaat nog steeds door. Moeten zij allemaal worden veroordeeld, zijn ze allemaal schuldig? Of waren die daden alleen maar uitingen van onbewustheid, een stadium in de evolutie waaraan we nu ontgroeien?

Jezus' woorden 'Vader, vergeef hun want ze weten niet wat ze doen' zijn ook van toepassing op jou.

✧

Als je ikzuchtige doelen stelt om jezelf te bevrijden of jezelf of je gevoel belangrijk te zijn te versterken, en je bereikt ze, dan nog bevredigen ze je niet.

Stel jezelf doelen maar denk eraan dat het bereiken ervan niet zo belangrijk is. Als er iets ontstaat uit je aanwezigheid, betekent het dat dit moment niet meer een middel is om een doel te bereiken: het doen zelf is op elk moment zijn eigen vervulling. Je verlaagt het Nu niet meer tot een middel om een doel te bereiken, wat het ikzuchtige bewustzijn is.

'Geen zelf. Geen probleem', zei de boeddhistische Meester toen iemand hem vroeg de diepere betekenis van het boeddhisme te verklaren.

Het Nu

Oppervlakkig bekeken lijkt het dat het huidige moment maar een van de vele, vele momenten is. Elke dag van je leven bestaat zo te zien uit duizenden momenten waarop verschillende dingen gebeuren. Maar als je beter kijkt, is er dan eigenlijk niet maar één moment? Is het leven ooit *niet* 'dit moment'?

Dit ene moment – Nu – is het enige waaraan je nooit kunt ontsnappen, het is de enige constante factor in je leven. Wat er ook gebeurt, hoe je leven ook verandert, een ding is zeker: het is altijd Nu.

Waarom zou je, als ontsnappen aan het Nu toch niet mogelijk is, het niet verwelkomen, er geen vriendschap mee sluiten?

✧

Als je vriendschap sluit met het huidige moment, voel je je overal thuis, waar je ook bent. Als je je niet thuis voelt in het Nu, maakt het niet uit waar je heen gaat, want je neemt je onbehagen overal mee naartoe.

✧

Het huidige moment is zoals het is. Altijd. Kun jij het zo laten?

✧

De indeling van het leven in verleden, heden en toekomst is een product van het verstand en is ten diepste een illusie. Verleden en toekomst zijn gedachtevormen, mentale abstracties. Het verleden kun je je alleen Nu herinneren. Wat je je herinnert is een gebeurtenis die plaatsvond in het Nu, en je herinnert het je Nu. De toekomst is, als ze komt, het Nu. Het enige echte, het enige dat er altijd is, *is* het Nu.

✧

Je aandacht op het Nu vestigen is geen ontkenning van wat je in je leven nodig hebt. Het is onderkennen wat de hoofdzaak is. Dan kun je met gemak de bijkomstigheden aanpakken. Het betekent niet dat je zegt: 'Ik pak geen dingen meer aan, want alleen het Nu is echt.' Nee, zoek eerst uit wat de hoofdzaak is en maak dan van het Nu je vriend, niet je vijand. Erken het, respecteer het.
Wanneer het Nu de grondslag en het belangrijkste aan-

dachtspunt in je leven is, dan ontvouwt je leven zich met gemak.

✧

Opruimen na de afwas, een strategie voor een bedrijf ontwerpen, een reisje voorbereiden – wat is er belangrijker: het doen zelf of het resultaat dat je door dat doen wilt bereiken? Dit moment of een toekomstig moment? Behandel je *dit moment* als een hindernis die je moet overwinnen? Heb je het gevoel dat een toekomstig moment dat je moet bereiken belangrijker is?

Bijna iedereen leeft het grootste deel van de tijd op deze manier. Omdat de toekomst nooit komt, alleen als het heden, is het een disfunctionele manier van leven. Het brengt een constante onderstroom voort van onbehagen, spanning en ontevredenheid. Het eert het leven niet, dat altijd Nu is en nooit niet-Nu.

✧

Voel het leven in je lichaam. Dat verankert je in het Nu.

Uiteindelijk neem je geen verantwoordelijkheid voor het leven zolang je niet de verantwoordelijkheid neemt voor *dit moment* – Nu. Dat komt omdat Nu de enige plaats is waar je het leven kunt vinden.
Verantwoordelijkheid nemen voor dit moment betekent dat je niet inwendig tegenstand biedt aan het 'zo-zijn' van het Nu, dat je niet in discussie gaat met wat is. Het betekent dat je je afstemt op het leven.

Het Nu is zoals het is omdat het niet anders kan zijn. Wat de boeddhisten altijd hebben geweten wordt nu bevestigd door natuurkundigen: er zijn geen op zichzelf staande dingen of gebeurtenissen. Onder de uiterlijke schijn is alles met elkaar verbonden, is alles deel van het geheel van de kosmos die de vorm heeft voortgebracht die dit moment aanneemt.

Wanneer je 'ja' zegt tegen wat is, word je afgestemd op de kracht en de intelligentie van het leven zelf. Alleen dan kun je een instrument zijn voor positieve verandering in de wereld.

Een eenvoudige en tegelijk radicale spirituele oefening is te aanvaarden wat er ook in het Nu opkomt – in je en buiten je.

✧

Als je aandacht naar het Nu gaat, is er een alertheid. Het is net alsof je ontwaakt uit een droom, de droom van het denken, de droom van verleden en toekomst. Zo helder, zo eenvoudig. Er is geen ruimte om problemen te maken. Gewoon dit moment zoals het is.

✧

Op het moment dat je het Nu met je aandacht binnengaat, merk je dat het leven heilig is. Alles wat je ziet heeft iets heiligs als je aanwezig bent. Hoe meer je in het Nu leeft, des te meer voel je de eenvoudige en tegelijk diepe vreugde van Zijn en de heiligheid van alle leven.

✧

De meeste mensen verwarren het Nu met *wat er gebeurt* in het Nu, maar dat is wat anders. Het Nu is dieper dan wat erin gebeurt. Het is de ruimte waarin het gebeurt.

Verwar de inhoud van dit moment dus niet met het Nu. Het Nu is dieper dan welke inhoud die erin opkomt ook.

✧

Als je in het Nu stapt, stap je uit de inhoud van je denken. De onophoudelijke stroom gedachten wordt trager. De gedachten slokken niet meer al je aandacht op, slepen je niet meer helemaal mee. Er komen pauzes tussen je gedachten – ruimte, innerlijke stilte. Je begint te beseffen hoeveel groter en dieper je bent dan je gedachten.

✧

Gedachten, emoties, zintuiglijke gewaarwordingen en wat je verder maar ervaart, vormen bij elkaar de inhoud van je leven. Aan 'mijn leven' ontleen je het gevoel iemand te zijn en 'mijn leven' is inhoud, dat geloof je tenminste.

Je ziet voortdurend het meest voor de hand liggende feit over het hoofd: je diepste gevoel van Ik Ben heeft niets te maken met wat er in je leven *gebeurt*, niets te maken met inhoud. Dat gevoel van Ik Ben is een met het Nu. Het blijft altijd hetzelfde. In de jeugd en op hoge ouderdom, bij ziekte en gezondheid, bij succes en mislukking blijft het Ik Ben – de ruimte van het Nu – op zijn diepste niveau onveranderd. Het wordt gewoonlijk verward met inhoud en zo komt het dat je het Ik Ben of het Nu alleen zwak en indirect ervaart, via de inhoud van je leven. Met andere woorden: je gevoel van zijn wordt verduisterd door de omstandigheden, je gedachtestroom en de vele dingen van deze wereld. Het Nu wordt verduisterd door de tijd.

En zo komt het dat je vergeet dat je geworteld bent in Zijn, vergeet je je goddelijke werkelijkheid en verlies je jezelf in de wereld. Verwarring, woede, depressie, geweld en conflicten ontstaan wanneer mensen vergeten wie ze zijn.

Maar wat is het gemakkelijk je de waarheid te herinneren en weer thuis te komen:

Ik ben niet mijn gedachten, emoties, zintuiglijke gewaarwordingen en ervaringen. Ik ben niet de inhoud van mijn leven. Ik ben het leven. Ik ben de ruimte waarin alles gebeurt. Ik ben bewustzijn. Ik ben het Nu. Ik Ben.

Wie je werkelijk bent

Het Nu is onlosmakelijk verbonden met wie je ten diepste bent.

✧

Veel dingen in je leven zijn belangrijk, maar er is maar één ding dat echt belangrijk is.

Het maakt wat uit of je slaagt of mislukt voor het oog van de wereld. Het maakt wat uit of je gezond bent of niet, of je wel of niet een opleiding hebt gehad. Het maakt wat uit of je rijk bent of arm – dat maakt zeker wat uit voor je leven. Ja, al die dingen zijn relatief belangrijk maar ze zijn niet echt belangrijk.

Er is iets dat veel belangrijker is dan deze dingen en dat is het wezen te ontdekken van wat je meer bent dan die kortlevende entiteit, dat kortlevende gepersonifieerde gevoel iemand te zijn.

Je vindt geen vrede door de omstandigheden van je leven te veranderen maar door te beseffen wie je ten diepste bent.

✧

Reïncarnatie helpt je niet als je in je volgende leven weer niet weet wie je bent.

Alle ellende op deze planeet is het gevolg van het gepersonifieerde gevoel een afzonderlijk 'ik' of 'wij' te zijn. Dat verhult de essentie van wie je bent. Als je je niet bewust bent van die innerlijke essentie, schep je uiteindelijk altijd ellende. Zo simpel is het. Als je niet weet wie je bent, schep je een door het verstand vervaardigd ik als surrogaat voor je schitterende goddelijke wezen en klamp je je vast aan dat angstige en hulpbehoevende ik.

Het beschermen en versterken van dat onechte gevoel iemand te zijn wordt dan je belangrijkste drijfveer.

Uit een groot aantal gangbare uitdrukkingen en soms ook uit de structuur van de taal blijkt dat mensen niet weten wie ze zijn. Je zegt: 'Hij verloor het leven' of 'mijn leven' alsof leven iets is dat je kunt bezitten of verliezen. De waarheid is: je hebt geen leven, je *bent* leven. Het ene leven, het ene bewustzijn dat heel het heelal doordringt en tijdelijk vorm aanneemt om zichzelf te ervaren als een steen, een grassprietje, een dier, een mens, een ster of een melkwegstelsel.

Kun je diep in jezelf voelen dat je dat al weet? Kun je voelen dat je dat al *bent*?

✧

Voor de meeste dingen in het leven heb je tijd nodig: een nieuwe vaardigheid leren, een huis bouwen, een expert worden, een kop thee zetten ... Tijd is echter nutteloos voor het allerbelangrijkste in het leven, het enige dat er werkelijk toe doet: bewustwording van jezelf, wat betekent dat je weet wie je meer bent dan je oppervlakkige zelf, meer dan je naam, je verschijningsvorm, je geschiedenis, je verhaal.

Je kunt jezelf niet in het verleden of in de toekomst vinden. De enige plaats waar je jezelf kunt vinden is in het Nu.

Geestelijke zoekers rekenen voor zelfverwezenlijking of verlichting op de toekomst. Een zoeker zijn veronderstelt dat je de toekomst nodig hebt. Als dat is wat je gelooft, wordt het ook waar voor je: je *hebt* dan tijd nodig tot je beseft dat je geen tijd nodig hebt om te zijn wie je bent.

✧

Als je naar een boom kijkt, ben je je bewust van de boom. Als je een gedachte of gevoel hebt, ben je je bewust van die gedachte of dat gevoel. Als je een prettige of pijnlijke ervaring hebt, ben je je bewust van die ervaring.

Dat lijken ware en vanzelfsprekende uitspraken te zijn maar als je ze heel nauwkeurig bekijkt, ontdek je dat de structuur ervan op een heel moeilijk te omschrijven manier een fundamentele illusie bevat, een illusie die onvermijdelijk is als je taal gebruikt. Denken en taal scheppen een schijnbare dualiteit en een afzonderlijke persoon die er niet zijn. De waarheid is: je bent niet iemand die zich bewust is van de boom, van de gedachte, het gevoel of de ervaring. Je bent het bewustzijn zelf waarin en waardoor die dingen verschijnen.

Kun je je in je gewone leven bewust zijn van jezelf als het bewustzijn waarin de hele inhoud van je leven zich ontvouwt?

Je zegt: 'Ik wil mezelf kennen.' Je *bent* het 'Ik'. Je *bent* het Weten. Je *bent* het bewustzijn waardoor alles bekend is. En dat *kan* zichzelf niet kennen; het *is* zichzelf. Verder dan dat valt er niets te weten en toch komt al het weten daaruit voort. Het 'Ik' kan van zichzelf geen kennisobject maken, geen object om zich van bewust te zijn.

Je kunt dus geen object worden voor jezelf. En dat is de reden waarom de illusie van de ikzuchtige identiteit ontstond – omdat je jezelf in gedachten in een object hebt veranderd.

'Dat ben ik', zeg je. En dan ga je een relatie aan met jezelf en vertel je jezelf en anderen je verhaal.

Als je jezelf kent als het bewustzijn waarin het zintuiglijk waarneembare bestaan zich afspeelt, ben je niet meer afhankelijk van verschijnselen en bevrijd je je van het zoeken naar jezelf in situaties, plaatsen en omstandigheden. Met andere woorden: wat er gebeurt of niet gebeurt is niet meer zo belangrijk. De dingen verliezen hun gewicht, hun ernst. Er komt een speelsheid in je leven. Je ziet dat deze wereld een kosmische dans is, de dans van vorm – niets meer en niets minder.

✧

Als je weet wie je werkelijk bent, komt er een blijvend levendig gevoel van vrede. Je zou het vreugde kunnen noemen, omdat vreugde zo is: stralend levende vrede. Het is de vreugde van het jezelf kennen als de essentie van het leven voordat het leven vorm aanneemt. Dat is de vreugde van Zijn – van zijn wie je echt bent.

✧

Net zoals water een vaste, vloeibare of gasvorm kan hebben, kan het bewustzijn 'bevroren' zijn als materie, 'vloeibaar' als verstand en denken en vormloos als zuiver bewustzijn. Zuiver bewustzijn is Leven voordat het zich manifesteert, en dat Leven kijkt door 'jouw' ogen naar de wereld der vormen omdat bewustzijn is wie jij bent. Als je jezelf als zodanig kent, herken je jezelf in alles. Het is een toestand van volkomen heldere waarneming. Je bent niet meer een entiteit met een zwaar verleden die een scherm wordt voor concepten waardoor je elke ervaring interpreteert.

Als je zonder te interpreteren waarneemt, kun je voelen *wat* er waarneemt. In taal uitgedrukt kunnen we hoogstens zeggen dat er een veld is van alerte innerlijke stilte waarin de waarneming plaatsvindt.

Door 'jou' is het vormloze bewustzijn zich bewust geworden van zichzelf.

✧

Het leven van de meeste mensen wordt bepaald door begeerte en angst.

Begeerte is de behoefte iets *toe te voegen* aan jezelf om meer jezelf te kunnen zijn. Alle angst is de angst iets te *verliezen* en daardoor kleiner te worden en minder te *zijn*.

Deze twee bewegingen verduisteren het feit dat Zijn niet kan worden gegeven of weggenomen. Zijn in zijn volheid is al in je, Nu.

Aanvaarding en overgave

'Kijk' steeds wanneer je dat kunt bij jezelf naar binnen om te zien of je soms onbewust een conflict schept tussen innerlijk en uiterlijk, tussen je uiterlijke omstandigheden van dat moment – waar je bent, bij wie je bent of wat je aan het doen bent – en je gedachten en gevoelens. Kun je voelen hoe pijnlijk het is je innerlijk te verzetten tegen wat is?

Als je dat onderkent, besef je ook dat je nu de vrijheid hebt om dat zinloze conflict, deze toestand van oorlog in jezelf op te geven.

✧

Hoe vaak per dag zou je, als je je innerlijke werkelijkheid van dat moment onder woorden zou moeten brengen, moeten zeggen: 'Ik wil niet zijn waar ik ben?' Hoe voel je je als je niet wilt zijn waar je bent – in een verkeersopstopping, op de plaats waar je werkt, in de wachtkamer op het vliegveld of het station, of bij de mensen om je heen? Het is natuurlijk waar dat sommige plaatsen erg geschikt zijn om van weg te lopen – en soms is dat ook het beste wat je doen kunt. In veel andere gevallen echter is weglopen gewoon geen oplossing. In al zulke gevallen is zeggen: 'Ik wil hier niet zijn.' niet alleen zinloos maar ook storend. Het maakt jou en andere mensen ongelukkig.

Het is al eerder gezegd: waar je heengaat, daar ben je. Met andere woorden: je *bent* hier. Altijd. Is dat zo moeilijk te accepteren?

✧

Is het echt nodig elke zintuiglijke waarneming en elke ervaring mentaal van een etiket te voorzien? Heb je echt een reactieve haat-liefdeverhouding met je leven nodig waar je in een bijna voortdurend conflict verkeert met situaties en mensen? Of is dat gewoon een diepgewortelde mentale gewoonte waar je mee kunt breken? Niet door iets te doen maar door dit moment te laten zijn zoals het is.

✧

Het reactieve 'nee' uit gewoonte versterkt het ego. 'Ja' maakt het zwakker. Je vormidentiteit, het ego kan overgave niet overleven.

✧

‘Ik heb zoveel te doen.’ Ja, maar wat is de kwaliteit van wat je doet? Naar je werk rijden, een gesprek met klanten voeren, werken met de computer, boodschappen overbrengen, de talloze dingen afhandelen waaruit je dagelijkse leven bestaat – hoe volkomen ga je op in wat je doet? Komt wat je doet voort uit overgave of niet uit overgave? Dat bepaalt succes in je leven, niet hoeveel je je inspant. Inspanning veronderstelt stress en spanning, de *behoefte* een bepaald punt in de toekomst of een bepaald resultaat te bereiken.

Kun je zelfs maar het kleinste element in jezelf ontdekken van *niet willen* doen wat je aan het doen bent? Dat is een ontkenning van het leven, en een echt succesvol resultaat is dan onmogelijk.

Als je dat bij jezelf kunt ontdekken, kun je het dan ook laten vallen en helemaal opgaan in wat je doet?

✧

‘Eén ding tegelijk doen’, dat is hoe een zenmeester de essentie van zen omschreef.
Eén ding tegelijk doen betekent dat je helemaal opgaat in wat je doet, dat je er al je aandacht aan geeft. Dat is handelen uit overgave – handelen vanuit je kracht.

Je aanvaarding van wat is brengt je naar een dieper niveau waar zowel je innerlijke toestand als je gevoel een afzonderlijk iemand te zijn niet meer afhangt van hoe je denken bepaalt wat 'goed' is en wat 'kwaad'.

Wanneer je 'ja' zegt tegen het 'zo-zijn' van het leven, wanneer je dit moment aanvaardt zoals het is, kun je een gevoel van ruimte in je voelen dat heel vredig is.

Oppervlakkig bekeken kun je nog steeds gelukkig zijn bij zonnig weer en minder gelukkig als het regent; je kunt gelukkig zijn omdat je een miljoen hebt gewonnen en ongelukkig over het verlies van al je bezittingen. Maar geluk noch ongeluk gaat dan nog zo diep. Het zijn rimpelingen aan de oppervlakte van je Zijn. De vrede op de achtergrond in je blijft onverstoord, hoe de omstandigheden buiten ook zijn.

Het 'ja' tegen wat *is* onthult een dimensie van diepte in je die niet afhankelijk is van omstandigheden buiten je en ook niet van omstandigheden in je van de voortdurend veranderende gedachten en emoties.

Overgave wordt veel makkelijker wanneer je je bewust wordt van de voorbijgaande aard van alle ervaringen en beseft dat de wereld je niets kan geven dat blijvende waarde heeft. Je blijft dan mensen ontmoeten, verwikkeld raken in gebeurtenissen en activiteiten, maar zonder de wensen en angsten van het ikzuchtige zelf.
Dat wil zeggen dat je niet meer eist dat een situatie, persoon, plaats of gebeurtenis je bevredigt of gelukkig maakt. De voorbijgaande en onvolmaakte aard ervan mag er zijn.

En het wonder is dat wanneer je er geen onmogelijke eisen meer aan stelt, elke situatie, persoon, plaats of gebeurtenis niet alleen bevredigend wordt maar ook harmonischer en vrediger.

Als je dit moment helemaal aanvaardt, als je geen ruzie meer maakt met wat *is*, vermindert de dwang om te denken en wordt die vervangen door een alerte innerlijke stilte. Je bent je volledig bewust maar toch stopt je verstand dit moment op geen enkele manier in een vakje. Deze toestand van je innerlijk niet verzetten stelt je open voor het ongeconditioneerde bewustzijn dat oneindig veel groter is dan het menselijke verstand. Deze geweldige intelligentie kan zich dan door jou uiten en je helpen, zowel van binnenuit als van buitenaf. Daarom merk je vaak dat de omstandigheden beter worden als je je innerlijke verzet opgeeft.

✧

Zeg ik: 'Geniet van dit moment. Wees gelukkig'? Nee. Laat het 'zo-zijn' van dit moment toe. Dat is genoeg.

✧

Overgave is overgave aan *dit moment*, niet aan een verhaal waardoor je dit moment *interpreteert* en dan probeert je daarbij neer te leggen.

Je hebt bijvoorbeeld een handicap en kunt niet meer lopen. De toestand is zoals hij is.

Is je verstand nu een verhaal aan het maken dat zegt: 'Zover is het met mijn leven gekomen. Ik ben in een rolstoel beland. Het leven is hard en oneerlijk voor me geweest. Dit verdien ik niet.' Kun je het *zo-zijn* van dit moment aanvaarden zonder het te verwarren met een verhaal dat je verstand eromheen heeft bedacht?

✧

Overgave komt als je ophoudt met vragen: 'Waarom overkomt dit mij?'

✧

Zelfs binnen de ogenschijnlijk meest onaanvaardbare en pijnlijke situatie is een dieper goed verborgen en in elke ramp is het zaad van de genade aanwezig.

In de loop van de geschiedenis zijn er vrouwen en mannen geweest die, geconfronteerd met een groot verlies, ziekte, gevangenschap of de naderende dood, het schijnbaar onaanvaardbare aanvaardden en daardoor 'de vrede die alle begrip te boven gaat' vonden.

Aanvaarden van het onaanvaardbare is de geweldigste bron van genade in deze wereld.

Er zijn situaties waarin alle antwoorden en verklaringen tekortschieten. Het leven is opeens onbegrijpelijk geworden. Of er komt iemand met grote nood bij je om hulp en je weet niet wat je moet doen of zeggen.

Als je helemaal aanvaardt dat je het niet weet, geef je de worsteling om antwoorden te vinden met je beperkte denkende verstand op en dan kan een grotere intelligentie door je gaan werken. Zelfs het denken kan daar dan van profiteren, omdat de grotere intelligentie erin kan stromen en het kan inspireren.

Soms betekent overgave dat je je pogingen om te begrijpen opgeeft en er vrede mee hebt dat je het niet weet.

Ken je mensen wier voornaamste functie in het leven lijkt te zijn zichzelf en andere mensen ongelukkig te maken, ongeluk te verspreiden? Vergeef hen, want ook zij spelen een rol in het ontwaken van de mensheid. De rol die zij spelen staat voor een intensivering van de nachtmerrie van het ikzuchtige bewustzijn, de toestand van niet-overgave. Daar zit allemaal niets persoonlijks aan. Het is niet wie ze werkelijk zijn.

✧

Overgave is, zou je kunnen zeggen, de innerlijke overgang van verzet naar aanvaarding, van 'nee' naar 'ja'. Als je je overgeeft, verplaatst je zelfbesef zich van de identificatie met een reactie of mentaal oordeel naar het zijn van de *ruimte om* de reactie of het oordeel heen.
Het is een verschuiving van identificatie met vorm – de gedachte of de emotie – naar jezelf zijn en jezelf herkennen als dat wat geen vorm heeft – ruimtelijk bewustzijn.

✧

Alles wat je volledig aanvaardt brengt je naar de vrede, ook het aanvaarden dat je niet kunt aanvaarden, dat je je verzet.

De natuur

We zijn niet alleen voor ons lichamelijke overleven afhankelijk van de natuur. We hebben de natuur ook nodig om ons de weg naar huis te wijzen, de weg uit de gevangenis van ons eigen verstand. We zijn verdwaald in doen, denken, herinneren, verwachten – verdwaald in een doolhof van complexiteit en een wereld vol problemen.

We zijn vergeten wat stenen, planten en dieren allemaal nog weten. We zijn vergeten te *zijn* – stil te zijn, onszelf te zijn, te zijn waar het leven is: Hier en Nu.

✧

Telkens als je je aandacht richt op iets natuurlijks, op iets dat zonder menselijke tussenkomst is ontstaan, stap je uit de gevangenis van het denken in begrippen en heb je tot op zekere hoogte deel aan de toestand van verbondenheid met Zijn waarin al het natuurlijke nog bestaat.

Je aandacht verplaatsen naar een steen, een boom of een dier betekent niet dat je erover *denkt* maar gewoon dat je het of hem waarneemt, je er bewust van bent.

Iets van het wezen ervan gaat dan naar je uit. Je kunt voelen hoe stil het is en daardoor komt diezelfde stilte in jou op. Je voelt hoe diep het rust in Zijn – volkomen een met wat het is en waar het is. Door dat te beseffen kom ook jij bij een plaats van diepe rust in jezelf.

Als je in de natuur loopt of rust, eer haar dan door er helemaal te zijn. Wees innerlijk stil. Kijk. Luister. Zie hoe elk dier en elke plant helemaal zichzelf is. Anders dan de mensen hebben ze zich niet in tweeën gesplitst. Ze leven niet via een mentaal beeld van zichzelf en hoeven dus ook niet te proberen dat beeld te beschermen en te versterken. Het hert is zichzelf. De narcis is zichzelf.

Alles in de natuur is niet alleen een met zichzelf maar ook een met het geheel. Niets neemt afstand van het weefsel van het geheel door een afzonderlijk bestaan op te eisen: 'ik' en de rest van het heelal.

Het beschouwen van de natuur kan je bevrijden van dat 'ik', de grote lastpost.

Breng bewustzijn naar de vele subtiele geluiden van de natuur – het ritselen van de bladeren in de wind, vallende regendruppels, het gezoem van een insect, het eerste lied van de vogels bij het aanbreken van de dag. Geef je helemaal over aan de kunst van het luisteren. Achter die geluiden gaat iets groters schuil: een heiligheid die je met het denken niet kunt begrijpen.

✧

Je hebt je lichaam niet geschapen en je kunt de lichaamsfuncties niet beheersen. Er is een grotere intelligentie aan het werk dan het menselijk verstand. Dezelfde intelligentie die de hele natuur in stand houdt. Je kunt niet dichter bij die intelligentie komen dan door je bewust te zijn van het energieveld in jezelf – door de levendigheid, de bezielende aanwezigheid in je lichaam te voelen.

✧

De speelsheid en blijdschap van een hond, zijn onvoorwaardelijke liefde en bereidheid elk moment het leven te vieren staan vaak in schril contrast met de geestesgesteldheid van zijn eigenaar: gedeprimeerd, bezorgd, zuchtend onder een berg problemen, in gedachten verzonken, niet aanwezig op de enige plaats en in het enige moment die er zijn: Hier en Nu. Je vraagt je af hoe de hond het klaarspeelt zo normaal, zo blij te blijven als hij steeds moet optrekken met zo iemand.

✧

Als je de natuur alleen waarneemt door het denken, kun je het leven, het zijn ervan niet voelen. Je ziet alleen de vorm en bent je niet bewust van het leven binnen de vorm – het heilige mysterie. Het denken reduceert de natuur tot een gebruiksartikel dat je kunt gebruiken in je jacht op voordeel, kennis of een ander nuttig doel. Het oude bos wordt timmerhout, de vogel wordt een onderzoeksobject, de berg iets om delfstoffen te winnen of om te bedwingen.

Als je de natuur waarneemt, moet je ruimte laten voor niet-denken. Als je de natuur zo benadert, geeft ze antwoord en doet ze mee met de evolutie van het bewustzijn van mens en planeet.

✧

Merk op hoe aanwezig een bloem is, hoe hij zich aan het leven overgeeft.

✧

De plant die je thuis hebt staan, heb je er ooit echt naar gekeken? Heb je dat zo vertrouwde en tegelijkertijd zo mysterieuze wezen dat we plant noemen je ooit zijn geheimen laten leren kennen? Is het je opgevallen hoe diep vredig hij is? Hoe hij omringd wordt door een veld van stilte? Op het moment dat je je bewust wordt van de uitstraling van vrede en stilte van een plant wordt die plant je leraar.

✧

Kijk naar een dier, een bloem, een boom en merk op hoe hij rust in Zijn. Hij *is* zichzelf. Hij heeft een enorme waardigheid, onschuld en heiligheid. Maar om dat te kunnen zien moet je de mentale gewoonte van het namen geven en dingen in vakjes stoppen afleren. Op het moment dat je verder kijkt dan je mentale vakjes diep zijn voel je die niet in woorden uit te drukken dimensie van de natuur die je niet met het denken kunt begrijpen en met je zintuigen niet kunt zien. Het is een harmonie, een heiligheid waarvan niet alleen de hele natuur vervuld is maar die ook in jouzelf zit.

✧

De lucht die je inademt is de natuur, net zoals het ademhalen zelf.

Ga met je aandacht naar je ademhaling en besef dat je het niet zelf doet. Het is de ademhaling van de natuur. Als je moest onthouden dat je moet ademhalen, zou je snel sterven en als je probeert op te houden met adem te halen, is de natuur sterker dan jij.

Je herstelt het contact met de natuur op de intiemste en krachtigste manier door je bewust te worden van je ademhaling en je aandacht daar te houden. Dat is heilzaam en het geeft je ook veel kracht. Het bewerkstelligt een verschuiving in het bewustzijn van de wereld van het denken in begrippen naar het innerlijke rijk van het ongeconditioneerde bewustzijn.

✧

Je hebt de natuur nodig als leraar om het contact met je Wezen te herstellen. Maar jij hebt de natuur niet alleen nodig, de natuur heeft jou ook nodig.

Je staat niet los van de natuur. We maken allemaal deel uit van het Ene Leven dat zich overal in het heelal manifesteert in oneindig veel vormen, vormen die allemaal volkomen met elkaar verbonden zijn. Als je de heiligheid, de schoonheid, de ongelooflijke stilte en waardigheid waarin een bloem of een boom bestaat onderkent, voeg je iets aan de bloem of de boom toe. Door je inzicht, door je bewustzijn, kent ook de natuur zichzelf. Door jou leert de natuur haar eigen schoonheid en heiligheid kennen!

✧

Een grote stille ruimte houdt de hele natuur in haar armen. Zij houdt ook jou vast.

✧

Alleen als je innerlijk stil bent, heb je toegang tot het rijk van de stilte waar de stenen, planten en dieren verblijven. Alleen als je luidruchtige verstand ophoudt met praten, kun je op een heel diep niveau in contact komen met de natuur en het gevoel van scheiding dat door te veel denken ontstaat achter je laten.

Denken is een stadium in de evolutie van het leven. De natuur bestaat in een onschuldige innerlijke stilte die voorafgaat aan de opkomst van het denken. De boom, de bloem, de vogel, de steen zijn zich niet bewust van hun eigen schoonheid en heiligheid. Als mensen stil worden, laten ze het denken achter zich. Er is een extra dimensie van weten, bewustzijn in de stilte die het denken te boven gaat.

De natuur kan je naar de stilte brengen. Dat is het geschenk van de natuur aan jou. Als je waarneemt en je bij de natuur aansluit in het veld van de stilte, wordt dat veld doordrongen van je bewustzijn. Dat is jouw geschenk aan de natuur.

Door jou wordt de natuur zich bewust van zichzelf. De natuur wacht als het ware al miljoenen jaren op je.

se druk of een intense energie die je ergens in je lichaam voelt. Als je er aandacht aan besteedt, verandert het gevoel van lijden in levendheid en daardoor wordt ook het ongelukkige 'ik' niet gereactiveerd.

Let eens op wat er gebeurt als je een gevoel gewoon de ruimte geeft om er te zijn.

Veel leed van ongelukkig-zijn ontstaat door elke gedachte die in je hoofd opkomt voor de waarheid te houden. Situaties maken je niet ongelukkig. Ze kunnen voor lichamelijke pijn zorgen maar ze maken je niet ongelukkig. Je gedachten maken je ongelukkig. Je interpretaties, de verhalen die je jezelf vertelt maken je ongelukkig.

'De gedachten die ik op dit moment denk maken me ongelukkig.' Dat besef doorbreekt je onbewuste identificatie met die gedachten.

Relaties

Wat vormen we ons snel een mening over iemand anders, wat zijn we snel met onze conclusies. Het geeft het ikzuchtige verstand veel bevrediging andere mensen in een vakje te stoppen, hun een begripsmatige identiteit te geven, een rechtvaardig oordeel over hen uit te spreken.

Ieder mens is geconditioneerd om zich op een bepaalde manier te gedragen en op een bepaalde manier te denken – zowel genetisch als door ervaringen uit zijn jeugd en door het milieu waaruit hij afkomstig is.

Dat is niet hoe mensen zijn maar hoe ze ons toeschijnen. Als je een oordeel over iemand uitspreekt, verwar je deze geconditioneerde patronen van je verstand met wie ze zijn. Dat te doen is op zich al een in hoge mate geconditioneerd en onbewust patroon. Je geeft hun een identiteit en die onware identiteit wordt een gevangenis, niet alleen voor de ander maar ook voor jou.

Het laten varen van je oordelen betekent niet dat je niet ziet wat ze doen. Het betekent dat je hun gedrag ziet als een vorm van conditionering, en jij ziet en aanvaardt het als zodanig. Je vormt er geen identiteit mee voor die persoon.

Dat bevrijdt jou en de ander van identificatie met een conditionering, met vorm, met het verstand. Het ego beheerst je relaties dan niet meer.

✧

Zolang je ego je leven beheerst, komen de meeste van je gedachten, emoties en daden voort uit begeerte en angst. In relaties wil je dan iets van de ander of ben je bang voor de ander.

Wat je van de ander wilt kan plezier of materieel gewin zijn, erkenning, lof of aandacht, of een versterking van je zelfbesef door vergelijking en door te bevestigen dat je meer bent, hebt of weet dan de ander. Wat je vreest is dat het omgekeerde wel eens het geval zou kunnen zijn en dat de ander je zelfbesef wel eens zou kunnen verzwakken.

Als je het huidige moment tot het onderwerp van je aandacht maakt – in plaats van het als een middel te gebruiken om een doel te bereiken – laat je het ego en de onbewuste dwang achter je mensen als middel voor een doel te gebruiken, namelijk het behartigen van je eigen belangen ten koste van anderen. Als je je hele aandacht geeft aan met wie je in wisselwerking staat, haal je het verleden en de toekomst uit de relatie, behalve voor praktische doeleinden. Als je helemaal aanwezig bent bij iedereen die je ontmoet, laat je het beeld, de identiteit los die je van hen gemaakt hebt – je interpretatie van wie ze zijn en van wat ze in het verleden deden – en kun je met ze omgaan zonder de ikzuchtige neigingen van begeerte en angst. Aandacht, alerte innerlijke stilte eigenlijk, is de sleutel.

Wat is het wonderbaarlijk wensen en angsten in relaties te overwinnen. Liefde heeft niets nodig en is nergens bang voor.

✧

Als haar verleden jouw verleden was, als haar pijn jouw pijn was, haar bewustzijnsniveau jouw bewustzijnsniveau was, zou je net zo denken en doen als zij. Met dat inzicht komen vergeving, mededogen en vrede.
Het ego hoort dit niet graag omdat het aan kracht verliest als het niet reactief en rechtvaardig meer kan zijn.

✧

Als je wie er ook in de ruimte van Nu komt ontvangt als een waardige gast, als je iedereen zichzelf laat zijn, zullen ze gaan veranderen.

✧

Om een ander mens in zijn wezen te kennen hoef je echt niets *over* hem of haar te weten – zijn verleden, geschiedenis, verhaal. We verwarren kennis *over* iemand met een dieper kennen, dat niet begripsmatig is. Weten *over* en kennen zijn twee totaal verschillende hoedanigheden. De ene heeft te maken met vorm, de ander met het vormloze. De ene werkt door het denken, de andere door innerlijke stilte.

Weten *over* komt goed van pas in praktische situaties. Op dat niveau kunnen we niet zonder. Maar als overheersende hoedanigheid in een relatie wordt het zeer beperkend, schadelijk zelfs. Gedachten en begrippen scheppen een kunstmatige barrière, een scheiding tussen mensen. Je interacties wortelen dan niet in Zijn maar berusten op verstand. Zonder dergelijke barrières is de liefde vanzelf aanwezig in alle interacties tussen mensen.

✧

De meeste interacties tussen mensen blijven beperkt tot een uitwisseling van woorden – het gebied van het denken. Het is van essentieel belang dat je er wat van de stilte in brengt, vooral in je hechte relaties.

Een relatie kan niet opbloeien als er niet een gevoel van ruimte is dat samengaat met stilte. Ga eens samen mediteren of zoek samen de stilte op in de natuur. Als je gaat wandelen of in de auto of thuis zit, moet je je op je gemak kunnen voelen als je allebei zwijgt. Stilte kun je niet scheppen en hoeft niet geschapen te worden. Je moet gewoon openstaan voor de stilte die er al is maar die gewoonlijk verduisterd wordt door mentale ruis.

Als de ruimtelijke stilte ontbreekt, wordt de relatie beheerst door wat je allemaal denkt en kan zij gemakkelijk in het teken komen te staan van problemen en conflicten. Als er stilte is, kan die alles omvatten.

✧

Echt luisteren is ook een manier om stilte in een relatie te brengen. Als je echt naar iemand luistert, komt de dimensie van de stilte boven en wordt ze een essentieel onderdeel van jullie relatie. Maar echt luisteren kunnen maar weinig mensen. Meestal gaat het grootste deel van de aandacht op aan wat je denkt. In het gunstigste geval beoordelen mensen je woorden of bedenken ze wat ze straks moeten zeggen. Of ze luisteren helemaal niet en gaan gewoon op in hun eigen gedachten.

Echt luisteren gaat veel verder dan auditieve waarneming. Het is het opkomen van alerte aandacht, een ruimte van aanwezigheid waarin de woorden worden ontvangen. De woorden zelf komen op de tweede plaats. Ze kunnen zinvol of onbegrijpelijk zijn. Veel belangrijker dan *waar* je naar luistert is de daad van het luisteren zelf, de ruimte van bewuste aanwezigheid die ontstaat terwijl je luistert. Die ruimte is een verenigend veld van bewustzijn waarin je de ander ontmoet zonder de scheidende barrières die ontstaan door het denken. En nu is de ander niet meer 'de ander'. In die ruimte worden jullie verenigd in één bewustzijn, één gewaarworden.

✧

Maak je in je hechte relaties veel en steeds dezelfde drama's mee? Leiden relatief onbelangrijke meningsverschillen vaak tot heftige ruzies en emotionele pijn?

Aan de wortel daarvan liggen de fundamentele ikzuchtige patronen: de behoefte om gelijk te hebben en natuurlijk dat een ander ongelijk heeft, dat wil zeggen: de identificatie met mentale standpunten. Daarbij komt de behoefte van het ego om periodiek een conflict te hebben met iets of iemand om het gevoel van scheiding tussen 'ik' en 'de ander', waar het ego voor zijn overleving niet buiten kan, te versterken.

Ook is er de opgehoopte emotionele pijn uit het verleden die jij en ieder mens innerlijk meedragen, zowel je persoonlijke verleden als de collectieve pijn van de mensheid die ver, heel ver teruggaat. Dit 'pijnlichaam' is een energieveld in je dat een enkele keer de macht overneemt omdat het meer emotionele pijn moet ervaren om zich mee te voeden en zichzelf weer op te laden. Het probeert je denken te beheersen en het heel negatief te maken. Het houdt van je negatieve gedachten omdat het dezelfde frequentie heeft en zich er zo mee kan voeden. Het lokt ook negatieve emotionele reacties uit bij mensen die je na staan, vooral je partner, om zich te voeden met het drama en de emotionele pijn die daarop volgen.

Hoe kun je jezelf bevrijden van deze diepgewortelde onbewuste identificatie met pijn die zo veel ellende in je leven schept? Word je er bewust van. Besef dat het niet is wie je werkelijk bent en onderken wat het is: oude pijn. Wees er getuige van als het de kop opsteekt bij jezelf of bij je partner. Als je onbewuste identificatie ermee verbroken is, wanneer je in staat bent het in jezelf waar te nemen, geef je er geen voedsel meer aan en verliest het geleidelijk zijn lading.

✧

De interactie tussen mensen kan een hel zijn. Maar ook een geweldige spirituele oefening.

✧

Als je naar een ander mens kijkt en grote liefde voor hem of haar voelt, of als je peinst over de schoonheid in de natuur en iets in je reageert daar heel sterk op, dan moet je je ogen even dichtdoen en de essentie van die liefde of schoonheid in je voelen, die onlosmakelijk verbonden is met wat je werkelijk bent, met je ware natuur. De uiterlijke vorm is een tijdelijke afspiegeling van wat je innerlijk bent, in je essentie. Dat is de reden waarom liefde en schoonheid je nooit kunnen verlaten, ook als alle uiterlijke vormen dat wel doen.

✧

Wat is je relatie met de wereld van objecten, de ontelbare dingen die je omgeven en waar je elke dag mee te maken hebt? De stoel waar je op zit, de pen, de auto? Zijn ze voor jou slechts een middel om een doel mee te bereiken of erken je soms hun bestaan, hun wezen, ongeacht hoe kort, door ze op te merken en er je aandacht aan te geven?

Wanneer je gehecht raakt aan objecten, wanneer je ze gebruikt om je waarde in eigen ogen en in de ogen van anderen te vergroten, kunnen zorgen over dingen makkelijk je leven gaan beheersen. Als je jezelf identificeert met dingen, waardeer je ze niet om wat ze zijn, maar omdat je jezelf in die dingen zoekt.

Als je een voorwerp waardeert zoals het is, wanneer je zijn bestaan erkent zonder dat daar mentale projectie bij komt, is het onmogelijk *geen* dankbaarheid te voelen voor het bestaan ervan. Je kunt dan ook voelen dat het niet echt onbezield is, dat het zich alleen voor de zintuigen als onbezield voordoet. Natuurkundigen bevestigen dat het op moleculair niveau een pulserend energieveld is.
Door onbaatzuchtige waardering van het rijk der dingen komt de wereld om je heen tot leven op allerlei manieren waarvan je met het verstand nooit ook maar iets zult kunnen begrijpen.

✧

Wanneer je iemand ontmoet, hoe kort ook, erken je dan het wezen van de ander door hem je volle aandacht te geven? Of reduceer je hem tot niet meer dan een middel om een doel te bereiken, slechts een functie of een rol?

Wat is de kwaliteit van je relatie met de caissière bij de supermarkt, de bewaker van de parkeerplaats, de monteur, de 'klant'?

Een moment aandacht is genoeg. Als je naar hem of haar kijkt of luistert, komt er een alerte innerlijke stilte – misschien maar een of twee seconden, misschien langer. Dat is lang genoeg om iets te laten ontstaan dat werkelijker is dan de rollen die we gewoonlijk spelen en waarmee we ons identificeren. Alle rollen maken deel uit van het geconditioneerde bewustzijn dat het verstand is. Maar wat door de handeling van aandacht geven ontstaat is het ongeconditioneerde – wie je in wezen bent onder je naam en vorm. Je handelt dan niet meer op basis van een script maar je wordt echt. Als die dimensie tevoorschijn komt vanuit je binnenste brengt hij die ook in de ander tevoorschijn.

Ten diepste is er natuurlijk geen ander en ontmoet je altijd jezelf.

De dood en de eeuwigheid

Als je door een bos loopt dat niet door de mens getemd is en dat met rust gelaten wordt, zie je het niet alleen krioelen van leven maar zie je bij elke stap ook omgevallen bomen en rottende boomstronken, rottend blad en composterend materiaal. Overal waar je kijkt zie je leven en dood.

Maar bij nadere inspectie ontdek je dat de rottende boomstronk en de rottende bladeren niet alleen nieuw leven schenken maar zelf vol leven zijn. Er zijn micro-organismen aan het werk. Moleculen herschikken zich. De dood is dus nergens te vinden. Er is alleen een metamorfose van levensvormen. Wat kun je daarvan leren?

De dood is niet het tegendeel van het leven. Het leven heeft geen tegendeel. Het tegendeel van de dood is de geboorte. Leven is eeuwig.

✧

Wijzen en dichters van alle eeuwen zagen in dat het menselijk bestaan iets van een droom heeft – het is in schijn vast en werkelijk maar in het echt zo vluchtig dat het elk moment makkelijk uiteen kan vallen.

In het uur van je dood kan het je toeschijnen dat het verhaal van je leven een droom is die nu ten einde loopt. Maar zelfs in een droom moet een essentie zijn die echt is. Er moet een bewustzijn zijn waarin de droom gebeurt, anders zou de droom er niet eens *zijn*.

Dat bewustzijn – schept het lichaam dat of schept het bewustzijn de droom van het lichaam, de droom van iemand?

Waarom verloren de meeste mensen die een bijnadoodervaring hebben gehad daardoor hun angst om dood te gaan? Denk daar eens over na.

✧

Natuurlijk weet je dat je een keer doodgaat maar dat blijft een mentaal concept tot je de dood voor het eerst 'in eigen persoon' ontmoet: door een ernstige ziekte of een ongeluk dat jou of iemand uit je naaste omgeving overkomt of door het heengaan van een geliefde doet de dood zijn intrede in je leven als het besef van je eigen sterfelijkheid.

De meeste mensen keren zich er angstig van af maar als je er niet voor terugdeinst en het feit onder ogen ziet dat je lichaam vluchtig is en elk moment uiteen kan vallen, wordt je identificatie met je eigen lichamelijke en psychische vorm, het 'ik', iets minder sterk, ook al is het nog zo weinig. Als je het vergankelijke karakter van alle levensvormen ziet en aanvaardt, komt er een vreemd gevoel van vrede over je.

Door de dood in de ogen te zien wordt je bewustzijn in zekere mate bevrijd van zijn identificatie met vorm. Daarom gaan monniken uit bepaalde boeddhistische tradities nogal eens naar het lijkenhuis om daar tussen de dode lichamen te mediteren.

In de westerse cultuur kennen we nog een wijdverbreide ontkenning van de dood. Zelfs oude mensen proberen er niet over te spreken of eraan te denken en dode lichamen worden weggeborgen. Een cultuur die de dood ontkent verliest onvermijdelijk aan diepte en wordt oppervlakkig, bekommert zich alleen nog om de uiterlijke vorm der dingen. Als de dood ontkend wordt, verliest het leven zijn diepte. De mogelijkheid te weten te komen wie we meer zijn dan naam en vorm, de dimensie van het transcendente te leren kennen, verdwijnt uit ons leven omdat de dood de toegang tot die dimensie is.

✧

Mensen voelen zich gewoonlijk niet op hun gemak met eindes omdat elk einde een kleine dood is. Daarom gebruiken mensen bij het afscheid nemen vaak een uitdrukking met de betekenis ‘tot ziens’.

Als er een einde komt aan een ervaring – een bijeenkomst van vrienden, een vakantie, je kinderen gaan het huis uit – sterf je een kleine dood. Een ‘vorm’ die in je bewustzijn verscheen als die ervaring lost op. Vaak blijft er een gevoel van leegte achter en de meeste mensen doen hun best dat niet te voelen, het niet onder ogen te zien.

Als je kunt leren de eindes in je leven te aanvaarden en zelfs te verwelkomen, kun je tot de ontdekking komen dat het gevoel van leegte dat in het begin onbehaaglijk was, verandert in een gevoel van innerlijke ruimte waar een diepe vrede van uitgaat.

Door te leren op deze manier elke dag te sterven stel je je open voor het Leven.

✧

De meeste mensen vinden dat hun identiteit, hun zelfbesef, iets ongelooflijk kostbaars is, dat ze niet mogen verliezen. Daarom zijn ze zo bang voor de dood.

Het is kennelijk onvoorstelbaar en angstaanjagend dat 'ik' kan ophouden te bestaan. Maar je verwart dat kostbare 'ik' met je naam en vorm en een verhaal dat daarmee verbonden is. Dat 'ik' is niet meer dan een tijdelijke vorm in het veld van bewustzijn.

Zolang die vormidentiteit het enige is wat je kent, ben je je er niet van bewust dat die kostbaarheid je eigen essentie, je diepste gevoel van 'Ik Ben' is, dat bewustzijn zelf is. Het is het eeuwige in je – en dat is het enige wat je niet *kunt* verliezen.

✧

Telkens als er een groot verlies optreedt in je leven – zoals het verlies van bezittingen, van je huis, van een hechte relatie, of het verlies van je reputatie, je baan of lichaamsfuncties – sterft er iets in je. Je voelt je verzwakt in je gevoel van wie je bent. Er kan ook een zekere mate van desoriëntatie bij komen. 'Wat ben ik ... als dit er niet meer is?'
Als een vorm waarmee je je onbewust identificeerde, als een deel van jezelf je verlaat of uiteenvalt, kan dat uiterst pijnlijk zijn. Het laat zeg maar een gat achter in het weefsel van je bestaan.

Wanneer dat gebeurt, moet je de pijn of het verdriet dat je dan voelt niet ontkennen of negeren. Aanvaard dat het er is. Pas op voor de neiging van je verstand een verhaal te bedenken om dat verlies heen waarin je de rol van het slachtoffer krijgt toebedeeld. Angst, woede, wrok of zelfmedelijden zijn de emoties die met die rol samengaan. Word je dan bewust van wat er achter die emoties zit en ook achter het door je verstand bedachte verhaal: dat gat, die lege ruimte. Kun je dat vreemde gevoel van leegte onder ogen zien en aanvaarden? Als je daarin slaagt, kom je misschien tot de ontdekking dat het geen angstaanjagende plek meer is. Je kunt tot je verbazing ontdekken dat er vrede uit voortkomt.

Telkens wanneer de dood komt, wanneer er een levensvorm uiteenvalt, schijnt God, het vormloze en ongemanifesteerde, door de opening die de uiteenvallende vorm achterlaat. Om die reden is de dood het heiligste in het leven. Om die reden kan de vrede van God tot je komen door de contemplatie over en het aanvaarden van de dood.

✧

Wat duurt elke menselijke ervaring toch kort, wat gaat ons leven snel voorbij. Is er ook maar iets dat niet onderhevig is aan geboorte en dood, ook maar iets dat eeuwig is?

Overweeg dit eens: als er maar één kleur was, laten we zeggen blauw, en de hele wereld en alles erin waren blauw, dan bestond er geen blauw. Er moet iets zijn dat niet blauw is zodat het blauw kan worden herkend; anders zou het niet 'afsteken', zou het niet bestaan.

Is er niet op grond van dezelfde logica iets dat niet voorbijgaand en tijdelijk is, waardoor je de vergankelijkheid van alle dingen kunt inzien? Met andere woorden: als alles, inclusief jijzelf, vergankelijk was, zou je dat dan zelfs kunnen weten? Betekent het feit dat je je bewust bent van en getuige kunt zijn van de kortstondige aard van alle vormen, ook die van jezelf, niet dat er iets in je zit dat niet onderhevig is aan verval?

Als je twintig jaar bent, ervaar je je lichaam als jong en vitaal; zestig jaar later ervaar je je lichaam als verzwakt en oud. Ook kun je anders zijn gaan denken sinds je twintig was, maar het bewustzijn dat weet dat je lichaam jong is of oud of dat je anders bent gaan denken heeft geen verandering ondergaan. Dat besef is het eeuwige in je – bewustzijn zelf. Het is het vormloze Ene Leven. Kun je het verliezen? Nee, want je bent Het.

✧

Sommige mensen worden kort voor hun dood heel vredig en lijken dan haast licht te geven, alsof er iets door de uiteenvallende vorm schijnt.

Soms ook gebeurt het dat heel zieke of oude mensen om zo te zeggen bijna doorzichtig worden in de laatste weken, maanden of zelfs jaren van hun leven. Als ze naar je kijken, kun je een licht door hun ogen zien schijnen. Er is geen psychisch lijden meer. Ze hebben zich overgegeven en daardoor is de persoon, het door het verstand gemaakte 'ik', al opgelost. Ze zijn 'gestorven voor ze stierven' en hebben de diepe innerlijke vrede gevonden die de verwezenlijking is van het onsterfelijke in hen.

✧

Aan elk ongeluk en elke ramp is een mogelijke verlossende dimensie verbonden waarvan we ons gewoonlijk niet bewust zijn.

De geweldige schok van een totaal onverwachte, naderende dood kan als effect hebben dat je bewustzijn gedwongen wordt zijn identificatie met vorm helemaal op te geven. In de laatste paar momenten van je leven en tijdens het sterven ervaar je jezelf dan als bewustzijn zonder vorm. Opeens is er geen angst meer, alleen maar vrede en het besef dat 'alles goed is' en dat de dood slechts het oplossen van een vorm is. Je ziet dan in dat de dood ten diepste een illusie is – net zo'n illusie als de vorm waarmee je jezelf geïdentificeerd hebt.

✧

De dood is geen anomalie en ook niet de verschrikkelijkste gebeurtenis die er maar kan optreden zoals de moderne cultuur je wil laten geloven, maar het natuurlijkste wat er is, onlosmakelijk met je verbonden en even natuurlijk als zijn andere pool – de geboorte. Herinner jezelf daaraan als je bij een stervende zit.

Het is een groot voorrecht en een heilige handeling om als getuige en metgezel aanwezig te zijn bij iemands dood.

Als je bij een stervende zit, moet je geen enkel aspect van die ervaring ontkennen. Ontken niet wat er gebeurt en ontken je gevoelens niet. Door het inzicht dat je er niets aan kunt doen voel je je hulpeloos, verdrietig of boos. Aanvaard wat je voelt. Ga dan een stap verder: aanvaard dat je er niets aan kunt doen en aanvaard dat volkomen. Je hebt het niet voor het zeggen. Geef je helemaal over aan elk aspect van die ervaring, je gevoelens en de pijn of het ongemak van de stervende. Je toestand van overgave van je bewustzijn en de innerlijke stilte die daarmee gepaard gaat helpen de stervende enorm en maken de overgang makkelijker. Als het nodig is iets te zeggen, komen de woorden wel uit die stilte in je. Maar ze komen op de tweede plaats.

Met de stilte komt de zegening: vrede.

Lijden en het einde van het lijden

Dat alles onderling verbonden is wisten de boeddhisten altijd al en nu bevestigen natuurkundigen het. Niets wat gebeurt is een opzichzelfstaande gebeurtenis, zo lijkt het alleen maar. Hoe meer we een gebeurtenis beoordelen en in een vakje stoppen, des te meer isoleren we haar. De heelheid van het leven versplintert door ons denken. Maar het geheel van het leven heeft deze gebeurtenis voortgebracht. Ze is een onderdeel van het web van onderlinge verbondenheid dat de kosmos vormt.

Dat betekent: wat er ook *is* kan niet anders zijn.
In de meeste gevallen is het volstrekt onmogelijk te begrijpen welke rol een schijnbaar zinloze gebeurtenis kan hebben binnen de totaliteit van de kosmos, maar het inzien van de onvermijdelijkheid ervan binnen de enorme uitgestrektheid van het geheel kan het begin zijn van een innerlijk aanvaarden van wat is en zo een nieuwe afstemming zijn binnen het geheel van het leven.

Echte vrijheid en het einde van het lijden houden in dat je leeft alsof je helemaal hebt gekozen voor wat je op dit moment voelt of ervaart.

Deze innerlijke afstemming op het Nu is het einde van het lijden.

✧

Is lijden werkelijk nodig? Ja en nee.

Als je niet had geleden zoals je geleden hebt, zou je geen diepte hebben als mens, zou het je ontbreken aan nederigheid en mededogen. Je zou dit nu niet lezen. Lijden breekt de schil van het ego open en dan komt een keer het moment dat het niet meer nodig is.

Lijden is nodig tot je inziet dat het niet nodig is.

Voor ongelukkig zijn is een door het verstand gemaakt 'ik' met een verhaal, een conceptuele identiteit nodig. Het heeft tijd nodig – verleden en toekomst. Als je de tijd weghaalt uit je ongelukkig-zijn, wat blijft er dan over? Het 'zozijn' van dit moment, dat is wat er overblijft.

Het kan een gevoel zijn van zwaarte, opwinding, gespannenheid, woede of zelfs misselijkheid. Dat is niet ongelukkig-zijn en het is geen persoonlijk probleem. Er is niets persoonlijks aan menselijke pijn. Het is gewoon een intense druk of een intense energie die je ergens in je lichaam voelt. Als je er aandacht aan besteedt, verandert het gevoel niet in denken en daardoor wordt ook het ongelukkige 'ik' niet gereactiveerd.

Let eens op wat er gebeurt als je een gevoel gewoon de ruimte geeft om er te zijn.

✧

Veel leed, veel ongelukkig-zijn ontstaat door elke gedachte die in je hoofd opkomt voor de waarheid te houden. Situaties maken je niet ongelukkig. Ze kunnen voor lichamelijke pijn zorgen maar ze maken je niet ongelukkig. Je gedachten maken je ongelukkig. Je interpretaties, de verhalen die je jezelf vertelt maken je ongelukkig.

'De gedachten die ik op dit moment denk maken me ongelukkig.' Dat besef doorbreekt je onbewuste identificatie met die gedachten.

✧

Wat een miezerige dag.

Hij had niet het fatsoen me terug te bellen.

Ze heeft me laten zitten.

Kleine verhalen die we onszelf en andere mensen vertellen, vaak in de vorm van een klacht. Ze zijn onbewust ontworpen om ons altijd tekortschietende zelfbesef te versterken door 'gelijk' te hebben en iets of iemand anders 'ongelijk' te laten hebben. 'Gelijk hebben' plaatst ons in een positie van ingebeelde superioriteit en versterkt zo ons verkeerde zelfbesef, het ego. Dat schept ook een bepaald soort vijand: ja, het ego heeft vijanden nodig om zijn grenzen af te bakenen en zelfs het weer kan daarvoor dienen.

Door mentale oordelen uit gewoonte en door emotionele verkramping heb je een gepersonaliseerde, reactieve relatie met mensen en gebeurtenissen in je leven. Dat zijn allemaal vormen van door jezelf geschapen lijden, maar je herkent ze niet als zodanig omdat ze voor het ego bevredigend zijn. Het ego versterkt zichzelf door reactiviteit en conflicten.

Wat zou het leven eenvoudig zijn zonder die verhalen.

Het regent.

Hij heeft niet opgebeld.

Ik was er. Zij niet.

✧

Als je lijdt, als je ongelukkig bent, blijf dan helemaal bij wat Nu *is*. Ongelukkigheid en problemen kunnen in het Nu niet overleven.

✧

Lijden begint als je een situatie in gedachten een naam geeft of in een vakje stopt als zijnde onwenselijk of slecht. Je ergert je aan een situatie en die ergernis verpersoonlijkt die en roept een reactief 'ik' op.

Namen geven en dingen in vakjes stoppen zijn een gewoonte, maar een gewoonte die je kunt doorbreken. Begin het 'geen namen geven' met kleine dingen. Als je de trein mist, een kopje laat vallen en breekt of uitglijdt en in de modder terechtkomt, kun je er dan van afzien die ervaring te benoemen als slecht of pijnlijk? Kun je meteen het 'zo-zijn' van dat moment aanvaarden?

Iets als slecht benoemen wekt een emotionele verkramping bij je op. Als je het laat zijn zoals het is, zonder het te benoemen, komt er meteen een geweldige kracht tot je beschikking.

De verkramping snijdt je af van die kracht, de kracht van het leven zelf.

✧

Ze aten van de vrucht van de boom van de kennis van goed en kwaad.

Je kunt goed en kwaad overwinnen door op te houden met dingen mentaal als goed of kwaad te benoemen. Als je ophoudt met het uit gewoonte benoemen van dingen, gaat de kracht van het heelal door je heen. Als je een niet-reactieve relatie hebt met ervaringen, zou wat je eerder 'slecht' zou hebben genoemd zich snel of zelfs meteen ten goede keren door de kracht van het Leven zelf.

Let op wat er gebeurt als je een ervaring niet als 'slecht' aanduidt en in plaats daarvan tot een innerlijke aanvaarding, een innerlijk 'ja' komt en haar daarom laat zoals ze is.

Hoe je levenssituatie ook is, hoe zou je je voelen als je die helemaal accepteert zoals die nu is – Nu?

✧

Er zijn veel subtiele en minder subtiele vormen van lijden die zo 'gewoon' zijn dat we ze gewoonlijk helemaal niet als lijden herkennen en ze zelfs als bevredigend voor het ego ervaren – irritatie, ongeduldigheid, woede, ruziehebben met iets of iemand, wrok, klagen.

Je kunt leren al deze vormen van lijden te herkennen wanneer ze optreden, en weten: op dit moment ben ik in mezelf lijden aan het scheppen.

Als je de gewoonte hebt lijden voor jezelf te scheppen, schep je waarschijnlijk ook lijden voor andere mensen. Met deze onbewuste gedachtepatronen is het gewoonlijk afgelopen als je ze bewust maakt, door je er bewust van te worden als ze optreden.

Je kunt niet bewust zijn *en* lijden scheppen voor jezelf.

✧

Dat is het wonder: achter elke omstandigheid, persoon of situatie die zich voordoet als 'slecht' of 'kwaad' is een diepere goed verborgen. Dat diepere goed onthult zich aan je – tegelijk innerlijk en uiterlijk – door de innerlijke aanvaarding van wat *is*.

'Verzet je niet tegen het kwaad' is een van de meest verheven waarheden van de mensheid.

✧

Een gesprek:

Aanvaard wat *is*.

Ik kan het echt niet. Ik ben hier opgewonden en boos over.

Aanvaard dan wat is.

Aanvaarden dat ik opgewonden en boos ben? Aanvaarden dat ik niet kan aanvaarden?

Ja. Breng aanvaarding in je niet-aanvaarden. Breng overgave in je niet-overgave. En let op wat er dan gebeurt.

Chronische lichamelijke pijn is een van de moeilijkste leraren die je kunt hebben. 'Verzet baat niet' is de les ervan.

Niets kan normaler zijn dan onwilligheid om te lijden. Maar toch, als je die onwilligheid los kunt laten en in plaats daarvan de pijn er laat zijn, bemerk je misschien een subtiele afstand tot de pijn, als het ware een ruimte tussen jou en de pijn. Dat betekent bewust, gewillig lijden. Als je bewust lijdt, kan lichamelijke pijn het ego in je snel opbranden omdat het ego grotendeels uit verzet bestaat. Hetzelfde geldt voor een extreme lichamelijke handicap.

Je 'offert je lijden aan God' is een andere manier om dat te zeggen.

Je hoeft geen christen te zijn om de diepe universele waarheid te begrijpen die in symbolische vorm vervat is in het beeld van het kruis.

Het kruis is een martelinstrument. Het staat voor de uiterste vorm van lijden, beperking en hulpeloosheid waar een mens mee te maken kan krijgen. Maar dan opeens geeft die mens zich over, lijdt hij gewillig, bewust, uitgedrukt in de woorden: 'Niet mijn wil maar Uw wil geschiede'. Op dat moment laat het kruis, het martelinstrument, zijn verborgen gezicht zien: het is ook een heilig symbool, een symbool voor het goddelijke.

Dat wat het bestaan van een transcendente dimensie van het leven leek te ontkennen wordt door de overgave een opening naar die dimensie.

✧